Margarita Stāraste
Eichelmännchen

Eichelmännchen lernt laufen

Maichen, ein kleines Mädchen, sitzt unter einer mächtigen Eiche und macht aus Eicheln allerlei Tierchen.

Da ist schon ein stupsnäsiger kleiner Hund, eine Katze und ein Häschen. Hier hockt ein Eichhörnchen mit einem Rispengras als Schwanz, dort essen ein Ferkel und ein Entlein gemeinsam aus einem Trog.

Am niedlichsten ist wohl das kleine Männlein. Es hat kurze Arme, an den Füßen Tonpantoffeln, auf dem Kopf eine kleine, runde Kappe. Protzig steht es da mit vorgestrecktem Bauch. Wie sollte es auch nicht stolz sein – es hat sogar einen Namen: Eichelmännchen. Den hat ihm Maija gegeben.

Bald ist Mittagszeit. Maija rafft ihr Eichelspielzeug zusammen, drückt es an die Brust und eilt nach Hause.

Eichelmännchen ist neugierig. Es steckt den Kopf zwischen Maijas Finger, schaut in die Runde und entgleitet unversehens Maijas Händen. Maija jedoch bemerkt das gar nicht. Sie läuft weiter.

Nun liegt Eichelmännchen auf einem glatten Wegerichblatt und betrachtet die hohen Grashalme und Wermutstängel ringsum. Eine Biene surrt mit duftender Honigtracht vorbei.

„Wer schläft denn da am helllichten Tage?", summt sie. „Arbeiten muss man! Die Kannen müssen gefüllt werden!"

„Arbeiten?", überlegt Eichelmännchen leise. „Halt, wozu habe ich denn meine Beine? Ich will mich auf den Weg machen und sehen, was andere tun."

Eichelmännchen richtet sich auf und versucht zu gehen. Anfangs will ihm das gar nicht gelingen. Es fällt bald auf die Nase, bald auf den Rücken, purzelt und taumelt einher. Nach einer Weile geht es jedoch schon ganz gut. Nun trippelt es fröhlich der Sonne entgegen.

Eichelmännchen bei der Spinne

Munter trippelt Eichelmännchen dahin. Plötzlich versperrt ihm ein Spinngewebe den Weg.

Die Spinne – ein kleiner, grauer Pumpernickel – hockt in der Mitte des Netzes und zwirnt mit ihren acht Beinen.

„Hör mal, Dicker!", ruft Eichelmännchen. „Räum dein Netz aus dem Weg!"

„Mach einen Umweg!", erwidert die Spinne.

Eichelmännchen denkt gar nicht daran, das Netz zu umgehen. Es geht stur auf das Netz los und zerreißt die grauen Fäden.

„Flieh, Eichelmännchen, flieh!", surrt eine kleine blaue Fliege in der Luft. „Die Spinne wird dich fressen!"

Eichelmännchen schaut nach oben und bemerkt tatsächlich, dass die Spinne sich ihm nähert. Nun erschrickt es so, dass es Hals über Kopf davonstürzt. Es verwickelt sich in den zerrissenen Fäden, stolpert, steht auf, verstrickt sich aus lauter Angst noch mehr, fällt wieder und rollt den steilen Hang hinunter. Plötzlich – ein Stoß! Eichelmännchen prallt gegen einen Stein und bleibt liegen ...

Erst nach einer Weile kommt es zu sich, rafft sich auf, setzt sich und betastet seinen Kopf. Sonderbar leicht fühlt er sich an. Na, so was – Eichelmännchens ganzer Stolz, seine kleine, hübsche Kappe ging bei dem Sturz verloren! So ein Pech!

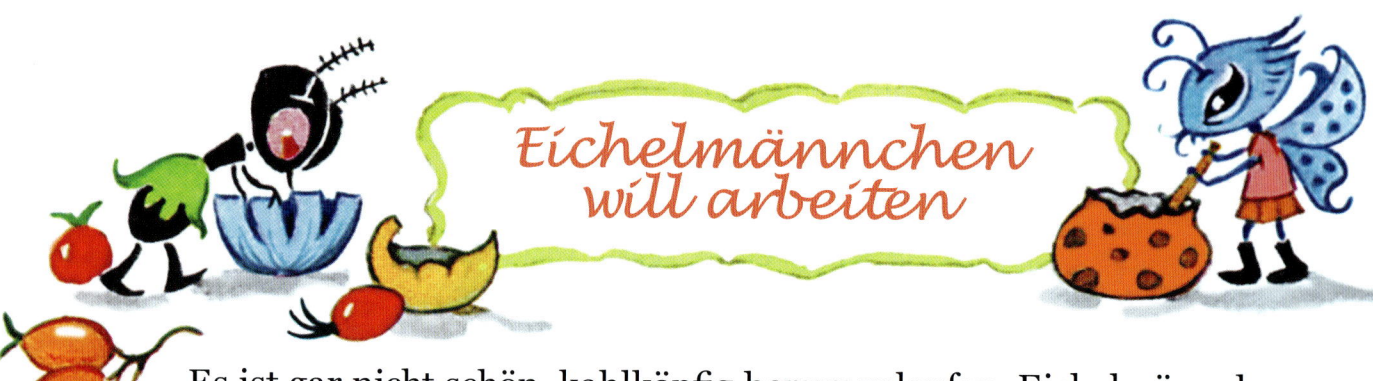

Eichelmännchen will arbeiten

Es ist gar nicht schön, kahlköpfig herumzulaufen. Eichelmännchen rennt hin und her und sucht überall seine verlorene Kappe. Schließlich gelangt es auf eine Bachwiese und erblickt einen Regenwurm.

„Hast du nicht irgendwo meine Kappe gesehen?", fragt es ihn. „Ich mag Kappen nicht!", antwortet der Regenwurm und gräbt sich in die Erde ein.

Da bemerkt Eichelmännchen einen großen Käferschwarm im Schachtelhalmgestrüpp und begibt sich dorthin. Alle sind sehr geschäftig; sie veranstalten heute Abend einen großen Herbstschmaus und haben alle Hände voll zu tun.

Die Käfer bereiten Blatt- und Gemüsesalat, andere bringen Beeren und Samen und lesen sie aus. Die Libelle trägt Wasser herbei, und die Hornisse knetet Teig in einem Nussschalentrog. Mücken und Grasflöhe schälen Beeren ab. Alles tummelt sich geschäftig mit fröhlichem Gesumm. Eichelmännchen findet so viel Gefallen daran, dass es darüber seine Kappe vergisst.

„Ich möchte auch arbeiten. Ich auch!", ruft es und ist überall im Wege. „Ich auch! Ich auch!"

Ein grüner Käfer stampft Gemüsebrei in einem großen Bottich der Kastanienschale. Er arbeitet so flink und geschickt, dass es eine Freude ist, ihm zuzuschauen.

„Ich möchte auch stampfen!", ruft Eichelmännchen. Es reißt den Schlegel an sich und versucht, ihn zu schwenken. Die Arbeit ist aber gar nicht so leicht, wie sie aussieht.

„Der Schlegel ist zu schwer!", sagt Eichelmännchen und wirft ihn weg. Nun bemerkt es, dass ein brauner Käfer den Festplatz mit einem bauschigen Rispengrasbesen fegt.

„Ich möchte auch fegen!", sagt Eichelmännchen und reißt dem Käfer den Besen aus der Hand. „Ich kann es besser!" – Und es beginnt mit solchem Schwung zu fegen, dass der Kehricht nach allen Seiten stiebt. Eichelmännchens Nase ist voller Staub, und es muss niesen.

„Nein, das Fegen ist nichts für mich!", sagt es und wirft den Besen fort.

„Warum denn gleich so?", brummt der braune Käfer und hebt den Besen auf. „Man muss langsam fegen. Schau, Eichelmännchen, ich zeige dir, wie man es macht!"

Eichelmännchen lässt sich jedoch nicht belehren. Hochnäsig trippelt es weiter und sucht eine angenehmere Beschäftigung.

Da nähert sich ihm ein schwarzer Laufkäfer. „Ich koche Mus", sagt er, „und brauche einen Kessel. Lauf mal hinüber zu dem Hügel, wo der weiße Klee wächst. Dort wohnt an einer Süßspierstaude meine Base, die hat einen ganz neuen Kessel. Sie wird ihn dir leihen. Lauf schnell hin!"

„Einen Kessel für das Mus soll ich holen? Warum nicht?", denkt Eichelmännchen und läuft zum Hügel, wo der weiße Klee wächst.

Eichelmännchen
macht sich fein

Unterwegs überlegt Eichelmännchen es sich anders:
„Warum soll ich einen Kessel schleppen? Der schwarze Laufkäfer kann ihn sich selber holen und sein Mus kochen. Beim Essen, da werde ich schon dabei sein!"

Nach einer Weile kommt ihm ein neuer Gedanke: Während die anderen arbeiten, will es sich für das Fest fein machen und alle mit seiner Pracht überraschen.

„Vor allem muss ich meinen Kahlkopf bedecken!", meint es laut und sieht sich nach einer hübschen Blume um. Aber alle Blumen sind schon verblüht.

Schließlich hat Eichelmännchen Glück: Es findet eine späte Glockenblume. Wie nett! Doch aus dem Blütenkelch schaut ein winziger Schmetterling hervor.

„Das ist mein Sommerhaus", sagt der Schmetterling.

Eichelmännchen aber hört gar nicht hin, vertreibt den Schmetterling, reißt die Blüte vom Stängel und stülpt sie sich auf den Kopf.

Zuletzt erblickt Eichelmännchen ein vom Winde hergewehtes Rosenblättchen. „Was für ein schöner Mantel!", ruft es und hüpft vor Freude. Es hüllt sich in das rot schimmernde Blütenblatt, bindet sich einen Flachsstängel als Gürtel um und ist mit seinem Aussehen sehr zufrieden.

Voll Stolz auf sein neues Kleid wirft sich Eichelmännchen in die Brust und trippelt zum Fest auf die Wiese. Eine Maus mit einem braunen Raupenhündchen kommt ihm entgegen. Jetzt ist es aber so auf seine Schönheit eingebildet, dass es an ihnen vorbeigeht, ohne auch nur zu grüßen.

Auf der Suche nach einem Kleid hat es sich verlaufen und kann den Festplatz nicht mehr finden. Es beginnt zu dämmern. Das Gras ist schon taufeucht, Eichelmännchen aber irrt noch immer im Riedgräser-Wald umher. Doch plötzlich – welch eine Freude! – erklingt in der Ferne fröhliches Orchesterspiel. Das Fest hat begonnen! Nun hüpft Eichelmännchen eilig dorthin, wo das einladende Zirpen der Heimchen und Grillen ertönt.

Die Glühwürmchen haben inzwischen ihre Laternen angezündet. An Tischen aus weißer Birkenrinde ist der Schmaus in vollem Gange.

Ach, was gibt es da für Leckereien! In gelben Wachsbechern duftet würziger Beerensaft und honigsüßer Nektar. Breite Blütenkelche sind bis an den Rand mit Beerenmus gefüllt.

11

„Nun aber flink zu Tisch!", denkt Eichelmännchen. Doch hat es schon wieder Pech: Vor ihm dehnt sich eine große Pfütze als See. Wie soll es da hinüberkommen? Da bemerkt es einen schlanken Rispengrashalm, der bis ans andere Ufer reicht. Es klettert auf den Halm und kriecht langsam vorwärts. Der Halm ist aber zu dünn, Eichelmännchen kann sich nicht halten und fällt – plumps! in den See. Dort versinkt es im Schlamm und strampelt, bis es ihm endlich gelingt, das andere Ufer zu erreichen.

Wie sieht es aber aus! Von Kopf bis Fuß mit schwarzem Schlammteig bedeckt, kann es weder sehen noch sprechen. Es zottelt dorthin, wo das fröhliche Orchesterspiel ertönt.

Beim Anblick des Eichelmännchens erschrecken die Käfer sehr. Niemand erkennt es, und alle schaudern wie vor einem Ungeheuer zurück. Die Musiker lassen ihre Instrumente liegen, die Glühwürmchen entfliehen mit ihren Laternen, das Blumengeschirr fällt und zerbricht. Alles läuft auseinander.

Nur das schmutzige Eichelmännchen bleibt da. Vergeblich versucht es, sich vom Schlamm zu reinigen. Schmutzig, wie es ist, verkriecht es sich in einen Rainfarnhain. Erst gegen Morgen erbarmt sich der Regen seiner und wäscht es ab.

Eichelmännchens Kappe

Vom Regen reingewaschen, verlässt unser Eichelmännchen den Rainfarnhain und trippelt über den Festplatz.

Wie sieht es dort aus! Die Birkenrindentische sind umgeworfen und zerbrochen, Beerensaft und Mus hat der Regen fortgeschwemmt.

Plötzlich erblickt Eichelmännchen einen umgekippten Muskessel, der ihm bekannt vorkommt. Ei, das ist doch seine verlorene Kappe, bloß hat sie jetzt einen Henkel! Eichelmännchen ist ganz empört.

„So meine Kappe zu verderben!", grollt es und schüttet die Mus-Reste aus. Es versucht, den Henkel abzubrechen, aber o weh – mit dem Henkel bricht auch ein Stück von der Kappe ab.

Ganz verärgert nimmt Eichelmännchen seine Kappe unter den Arm und trippelt davon.

„Weshalb bist du so verdrießlich?", quakt ein Frosch, der unter einem großen Kletten-Blatt hockt.

„Schau dir doch dieses Loch an!", sagt Eichelmännchen. „So eine Kappe kann ich nicht tragen, aber ohne sie regnet es mir auf den Kopf."

Der Frosch schaut sich die Kappe an. „Die kann man doch ausbessern", sagt er.

Unter der Klette hat der Frosch all sein Hab und Gut. Er zeigt dem Eichelmännchen einen großen Eierschalenkübel und eine Blumenkanne. „Das Loch können wir mit Ton verkleben!", sagt er. „Hol flink Wasser, ich besorge den Ton. Quak-quak!"

Eichelmännchen schleppt den Eierschalenkübel herbei, um damit Wasser zu schöpfen. Doch am Grabenrand kann es den großen Kübel nicht halten; er rollt hinab, prallt gegen einen Baumknorren und zerbricht. O weh! Nun wird der Frosch mit einem Ton-Kloß zurückkommen und sehen, was Eichelmännchen angerichtet hat. Da gibt's nur Verdruss!

Eichelmännchen greift nach seiner Kappe und macht sich davon.

Eichelmännchen bei der Hummel

Auf der Wiese trifft Eichelmännchen eine Hummel und zeigt ihr seine beschädigte Kappe.

„Das Loch kann man mit Wachs verkleben", sagt sie. „Ich hole schnell noch eine Honigtracht, unterdessen kannst du in der Mulde das Wachs kneten!"

Die Hummel fliegt davon, Eichelmännchen aber beginnt zu kneten und schaut sich neugierig um.

Die Hummel hat viele Krüge mit Honig herumstehen und daneben ein sonderbares, gelbes Säckchen. Was mag bloß drin sein?

Kaum aber ist das Säckchen geöffnet, da erhebt sich daraus feiner, gelber Blütenstaub. Der Staub dringt Eichelmännchen in die Augen und in die Nase. Es muss niesen und stößt dabei an einen riesigen Krug. Dieser fällt und wirft auch noch andere Krüge um. Aus allen Krügen fließt Honig, und Eichelmännchen bleibt in der klebrigen Masse stecken. Lange zappelt es, bis es ihm gelingt, sich zu befreien.

„Das wird aber schlimm", denkt es. „Gleich kommt die Hummel wieder und sieht, was los ist."

Eichelmännchen greift nach seiner Kappe und macht sich so schnell wie möglich davon.

Eichelmännchen in Halmsdorf

An das Loch in seiner schönen Kappe denkt Eichelmännchen nicht mehr. Über und über mit Honig beschmiert, schleppt es sich übers Feld. Alles bleibt an ihm haften. Bald ist es so müde, dass es an einem Riedgrasbüschel hinfällt und in tiefen Schlaf versinkt.

Während Eichelmännchen schläft, wird es von Ameisen umringt, die es von allen Seiten bestaunen.

„Der hat doch in Honig gelegen!", ruft eine kleine Ameise, und alle beginnen, an seinem Rock zu lecken.

Als Eichelmännchen endlich erwacht, ist es wieder ganz sauber, vom Honig keine Spur.

„Wer seid ihr?", fragt es und reibt sich die Augen.

„Wir sind die Ameisen von Halmsdorf!"

„Was für ein Halmsdorf?", fragt Eichelmännchen verwundert. „Das möchte ich sehen. Führt mich hin!"

Die Ameisen zeigen ihm den Weg.

Halmsdorf hat einen Zaun aus Rispengras. Dahinter wimmelt es von Bewohnern, die sich an ihren Behausungen zu schaffen machen.

„Komm, sei unser Gast!", sagen die Ameisen und führen Eichelmännchen in ihr Haus. Sie gelangen durch einen schmalen Gang, in dem es nach Tannennadeln duftet, in ein großes Zimmer. Den Fußboden bedeckt ein Teppich aus braunen Blättern, die Wände

17

sind mit Baumrinde verkleidet, und die Decke stützen getrocknete Heidekrautstängel.

Eichelmännchen scharrt mit dem Fuß auf dem Teppich und betastet die Wände.

„Nein", sagt es hochmütig, „mir gefällt euer Haus nicht!"

Ohne ein weiteres Wort zu sagen, trippelt es dem Ausgang zu.

Die Ameisen sind ganz erstaunt über den unhöflichen Gast.

Eichelmännchen sieht: Der Erdfloh wohnt in einem leeren Mohn-Kopf, die Schnecke in einem Knochenhaus, der Maulwurf in einer Höhle, die Raupe auf einem Buchweizenhalm. „Was sind das für Häuser!", sagt Eichelmännchen verächtlich. „Sie taugen alle nichts!"

„Bau dir ein besseres!", antwortet der Erdfloh gekränkt.

„Das werde ich auch", prahlt Eichelmännchen. „Ich baue mir ein Haus, wie ihr es nicht einmal im Traum gesehen habt!"

„Tu es nur recht bald!", sagt eine kleine Maus und verkriecht sich in ihr Loch. Auch die anderen ziehen sich zurück, und Eichelmännchen bleibt allein.

Eichelmännchens Haus

Eichelmännchen rückt seine beschädigte Kappe zurecht und beginnt zu bauen. Es bricht einige Balken aus Rispengras ab, rollt Kieselsteine herbei, türmt sie aufeinander, doch haben sie keinen Halt. Da wird es zornig, wirft die Balken fort, schleudert die Steine auseinander und denkt: „Wenn's nicht geht, dann lasse ich es eben!"

Ein feiner Herbstregen fängt an zu rieseln. Es ist schon Abend, aber niemand bittet Eichelmännchen zu sich ins Haus. Da es zu frieren beginnt, hüllt es sich in ein flaumiges Blatt und schlummert ein.

Nachts wächst ein Pilz aus dem Boden empor. Als Eichelmännchen frühmorgens erwacht, hat es ein schützendes Dach über sich.

„Schau mal, mein Haus ist fertig!", ruft Eichelmännchen froh. Es macht rasch ein Loch in den Pilzstiel, schlüpft hinein und beginnt laut zu singen:

> „Tra-la-la, tra-la-la!
> Seht, mein neues Haus steht da!"

Da kommt alles herbeigelaufen: die Ameisen, der glänzende Erdfloh, eine kleine Maus, der Maulwurf und zuletzt das Käfervolk.

„Was bist du für ein großartiger Zimmermann!", sagen die Ameisen lobend. „So ein niedliches Haus mit weißen Wänden und rotem Dach!"

Den ganzen Tag ist um das Haus ein großes Gedränge. Der Erdfloh betastet die weißen Wände, die Libelle setzt sich sogar aufs Dach. Eichelmännchen aber stolziert, die Hände in die Seiten, um seinen Pilz. Erst am Abend gehen alle auseinander.

Nun schlüpft Eichelmännchen ins Haus, nimmt seine Kappe ab und legt sich aufs Ohr.

Eichelmännchen hat wieder Pech

Am nächsten Morgen wird Eichelmännchen durch ein lautes Gelächter geweckt.

Wer lacht denn da? Eichelmännchen kriecht aus dem Pilz und schaut sich um.

An seinem Häuschen haben sich wieder der Maulwurf und die Libelle, der glänzende Erdfloh, die Maus, das Käfervolk und die Ameisen versammelt. Auch die Schnecke ist herbeigekrochen, und selbst ein Würmchen schaut aus dem Erdboden hervor. Alle zeigen auf das Haus und lachen, dass ihnen der Bauch wehtut.

Nun sieht auch Eichelmännchen sein Haus an und ist ganz verblüfft. Was ist denn über Nacht aus dem schönen Gebäude geworden? Die Wände sind schief, grau und schwammig, das Dach ist zusammengeschrumpft und hat sich verzogen.

„Ha-ha-ha! Wie sieht das schöne Haus aus!", lacht die Libelle und wippt mit den Flügeln. Die andern spotten:

„Ha-ha-ha! Schau mal her!
Prahlen kannst du nun nicht mehr,
denn dein Haus, das wackelt sehr!"

Eichelmännchen ist zuerst ganz ratlos. Dann bricht es eilends Sauerampfer- und Kleestängel ab und schleppt sie keuchend heran, um die Hauswände zu stützen. Den Zuschauern geht es jetzt aus dem Wege. Sobald die Stützen angelegt sind, verschwindet es in seinem Haus und zeigt sich nicht mehr draußen.

Am nächsten Morgen aber, während noch überall der Tau an den Blättern hängt, ertönt ein schwaches Piepsen: „O weh! Zu Hilfe!"

Alle erkennen Eichelmännchens Stimme und eilen herbei: die dicken Käfer, die Ameisen und die graue Maus, die Libelle und auch der Maulwurf.

Was ist geschehen? Das neue Haus ist eingestürzt, und Eichelmännchen liegt unter den Trümmern!

Der Maulwurf packt einen Spaten und beginnt eilig zu graben. Alle machen sich flink an die Arbeit: Die einen schaufeln, andere schaffen die morschen Pilzreste beiseite. Endlich kommt Eichelmännchen unter den Trümmern zum Vorschein.

„So", sagt der Maulwurf und legt die Schaufel beiseite. „Diesmal haben wir dich gerettet. Nächstens bau dir ein besseres Haus!"

Ringsum ist großer Lärm. Alles summt, surrt und brummt. Eichelmännchen ist tief beschämt. „Man lacht mich aus, ich kann nicht länger in Halmsdorf bleiben!", denkt es, zieht seine Kappe tiefer in die Stirn und läuft zum Hoftor hinaus.

25

Eichelmännchen auf dem Floß

„Nur fort vom Hof!", murmelt Eichelmännchen und läuft keuchend weiter.

Ganz außer Atem gelangt es an einen kleinen Bach. An seinem Ufer wächst Kalmus und Schilf. Fröhlich glucksend strömt das Wasser über Kies und Steine dahin. Eichelmännchen bleibt stehen und schaut ins Wasser, auf dem Blütenblätter und Staubkörnchen vorbeischwimmen. „Ich muss noch weiter weg!", denkt es. „Hier verspotten mich alle!"

Da bemerkt es einen glatten Holzspan, den der Strom ans Ufer geschwemmt hat. Es sucht sich schnell ein abgebrochenes Schilfrohr und schwingt sich damit auf den Span. „Nun geht die Reise zu Wasser!", sagt es und stößt mit dem grünen Schilfruder vom Ufer ab.

Sachte gleitet das Floß an Kalmus, Schilf und Steinen vorbei, bis es vom Strom erfasst wird. Der Strom aber ist reißend schnell. Er schlägt Eichelmännchen das Ruder aus der Hand und trägt das Floß davon.

Eichelmännchen hält sich verzweifelt am Floß-Rand fest. Eine schäumende Woge erfasst das Floß und stürzt es in einen sprudelnden Wasserfall ...

Erst nach geraumer Zeit wird Eichelmännchen ans Ufer geworfen. Das Floß ist verschwunden. Das ist nicht weiter schlimm, aber wie sieht Eichelmännchen aus! Die Ärmchen zerbrochen, die Seiten aufgeplatzt, die Beine abgerissen und mitsamt den Pantoffeln fortgeschwemmt, die Kappe aber liegt zerbrochen weit weg am anderen Ufer ...

Eichelmännchen kann sich nicht rühren. Unbeweglich liegt es an einem flaumigen Halm, der sich ab und zu herabneigt und Eichelmännchen sachte streichelt.

Was weiter geschah

Eines Morgens ist an der Bachwiese ein reger Verkehr. Alles ist unterwegs zum großen Herbstmarkt. Die Käfer tragen Samenkörbe, der Maulwurf schleppt ein Gemüsebündel, die Maus zieht eine struppige Ähre hinter sich her, Mücken tragen Schachteln voll brauner Sporen.

Zum Markt eilt auch die graue Spinne mit ihren Wollknäueln. Sie ist von weit her gekommen; obwohl sie acht Beine hat, ist sie müde geworden und will sich an einem flaumigen Halm ausruhen. Aber da liegt ja jemand! Neugierig tritt sie näher. Nach einer Weile hüpft auch der Frosch heran, ein gefaltetes Huflattich-Laken unter dem Arm, und die Hummel kommt mit einer gelben Wachsscheibe herangeflogen. Alle schauen verwundert hin.

„Das ist doch Eichelmännchen!", summt die Hummel.

„Tatsächlich, Eichelmännchen!", bemerken auch die Spinne und der Frosch.

Eichelmännchen ist aber so mitgenommen, dass es nicht einmal den Mund auftun kann, um zu antworten.

Da legt der Frosch sein grünes Bettlaken weg, die Spinne tut ihre Wollknäuel und die Hummel ihre Wachsscheibe beiseite.

„Wir helfen dir!", sagen die Marktgänger. „Mit dem Markt hat es keine Eile!"

Die Spinne zwirnt einen starken Faden und näht Eichelmännchen die aufgeplatzten Seiten zu. Der Frosch macht ihm neue Arme und Beine aus Stroh und fertigt Tonpantoffeln an. Die Hummel holt die zerbrochene Kappe und verklebt sie mit Wachs. Nun ist die Kappe wieder wie neu.

Unterdessen versammeln sich viele Neugierige. Aus einem Rispengrasbüschel kommt eine grüne Eidechse, Fliegen und Mücken schwärmen heran, und auch das Glühwürmchen kommt herbeigekrochen. Die dicke Bremse setzt sich auf den flaumigen Halm.

Auch aus Halmsdorf kommen die Libelle und die Laufkäfer, die kleine Maus und viele andere herbei, um Eichelmännchen zu helfen.

Nun summt und surrt und piepst es ringsum. Die Bewohner von Halmsdorf nehmen sich Eichelmännchens Unglück sehr zu Herzen.

„Komm zu uns zurück!", surrt die Libelle.

„Komm zurück, komm zurück!", rufen auch die anderen.

Eichelmännchens Augen füllen sich mit Tränen der Freude, und die Kehle ist ihm wie zugeschnürt. Bevor es noch aufstehen kann, greift ihm das Käfervolk unter die Arme und bringt es zurück nach Halmsdorf.

Dort wohnt Eichelmännchen noch heute mit dem Mäuschen, dem Maulwurf und den Käfern zusammen. Doch hat es sich sehr verändert, und wenn die Geschichte weiter erzählt werden müsste, so wäre sie jetzt ganz anders.

ENDE

Originaltitel: Zīluks
© Text und Illustrationen: Margarita Stāraste

© der deutschsprachigen Lizenzausgabe:
leiv Leipziger Kinderbuchverlag GmbH
1. Auflage 2012

Typographie: Jochen Busch
Druck und Binden: Reálszisztéma Dabas Druckerei AG
Printed in Hungary

ISBN 978-3-89603-408-3

www.leiv-verlag.de